Walter Meier
DURCH JAHR UND LEBEN

D1727943

Walter Meier

DURCH JAHR UND LEBEN

Gedichte

*in Schriftdeutsch
und Zürcher Oberländer
Mundart*

ISBN-Nr. 3-85981-125-8
© Copyright 1983 beim Verfasser

Kommissionsverlag:
Buchverlag der Druckerei Wetzikon AG, 8620 Wetzikon

Inhaltsverzeichnis

Vorwort

Im täglichen Leben gibt es vieles, das mich bewegt, zum Denken anregt, das aber teilweise auch wieder stirbt im Gedränge des Zeitenflusses. Poesie ist tiefes Erleben, ist aber auch Sorge um ein menschenwürdiges Dasein, heute und morgen.

Es ist mir ein Bedürfnis, auszudrücken, was mich verängstigt, ermuntert, mich hoffen macht. Oft ist es sogar notwendig, das Geschehen um uns mit den Augen eines Kindes aufzunehmen.

Werden meine vorliegenden Gedichte teils zum Trost-, teils zum Freudespender, dann darf ich meine Hingabe an sie als nicht umsonst bezeichnen.

Bäretswil, Herbst 1983   *Walter Meier*

O neues Jahr!

O neues Jahr, du bist für mich ein Feld,
Das meine Hand nun wohlgemut bestellt!

Gib acht, mein Herz! Streu guten Samen bloss,
Dass volle Ähren werden dir zum Los!

Herr, über dieser Welten Lauf und Zeit,
O segne meine Aussaat weit und breit!

Das neue Jahr spricht...

Es ist mir kalt, mir jungem Jahr,
In dieser Zeiten Schoss.
Drum Menschen, seid recht lieb zu mir,
Zieht mich mit Güte gross.

Und kennet ihr nur Macht und Ruhm,
Die Liebe aber nicht,
Dann könnt's geschehn, dass bald einmal
Die Welt im Kampf zerbricht.

Und geh ich dann als müder Greis
Gebeugt und still dahin,
So steht, was ihr aus mir gemacht
In euren Herzen drin.

Friedenslied

Ein innig Lied klingt durch die Welt,
Ein heiter Lied, das wohl gefällt,
Bezaubernd wie der Sonnenschein,
Beglückend wie der Himmel rein.

Der frohe Sang dringt in mich ein,
Des Herzens Saiten schwingen fein,
Und hell ein Widerhall ersteht,
Der meine Seele leis umweht.

Aus frohem Herzen steigt allzeit
Des Menschen Wärme weit und breit.
Und Friede wächst in manchem Haus,
O, ströme in die Welt hinaus!

Winterstimmung

Der Winter schüttet seine Flocken
Über die Erde weithin aus,
Er will mit Freude und beglücken;
Die Kinder hält es nicht im Haus.

Mein Auge schweifet in die Runde,
Im weissen Linnen liegt das Land,
Kristalle auf der Fläche glänzen,
Bis an des Horizontes Band.

Das Leben scheint rundum erloschen,
Wie könnte es jetzt anders sein!
Doch unter dichter weisser Decke
Erstehet schon des Frühlings Schein.

Mein Auge schweifet in die Runde:
Das weisse Linnen deckt das Land.
Doch liegt die Hoffnung nicht begraben,
Bald weht allseits des Frühlings Band.

Liebevolle Welt

Tragt die Liebe in den Herzen,
Alle Tage, jede Stund,
Auf dass sich die Welt erzeige
Friedevoll in unsrer Rund.

Tut mit Liebe jede Arbeit,
Köstlichkeiten gibt's genug.
Unsres Geistes reges Wirken
Handle weise und auch klug.

Sprecht von Liebe aller Dinge,
Lebt die Liebe jederzeit,
Auf dass in der Welt sich öffne
Jedes Herz, zum Dienst bereit.

Zeitdiagnose

Sie jagten zum Mond…
Und wir blickten nicht mehr
Von unsrer Erde her
Zum lieblichen Mond.

Sie forschten im All…
Doch sie achteten nicht,
Was uns brächte das Licht
Aus dem weiten All.

Sie kehrten zurück…
Und wir staunten auf sie.
Doch nichts entdeckten sie,
Das fördernd das Glück.

In Krankheitsnot

Schwarz ist die Nacht, grau ist der Tag,
Ich höre jeden Stundenschlag.
Gedämpften Tons klingt an mein Ohr
Vom Wald der Vöglein Liederchor.

Ich döse in die Zeit hinein,
Gross sind die Schmerzen, arg die Pein.
Mag sprechen nicht in meiner Not –,
Doch zu mir redet leise – Gott.

Ich schliesse meine Augen zu,
Und meine Seele findet Ruh.
Ob Heilung, ob die Krankheit steigt –,
Gott hat sich treu zur mir geneigt!

Schlafliedchen fürs Kind

Ich sing dich in den Schlaf, mein Kind,
Dirio, diriodei.
Schliesse die Äuglein, geschwind,
Dirio, diriodei.
Träume süss vom Mütterlein,
Dirio, diriodei.
Das dir fährt durchs Haar so fein,
Dirio, diriodei.
Und umsorgend dich lieb Kind,
Dirio, diriodei.
Süss im Schlafe dich bald findt,
Dirio, diriodei.
Schlafe süss, schlaf süss, mein Kind…

Verbundenheit

Wir sind die Jugend dieser Zeit,
In Freundschaft eng verbunden.
Wir sind zu gutem Tun bereit
In allen unsern Stunden.

Wir ahnen, wie das Glück entspriesst
Aus allertiefsten Gründen;
Und wie des Lebens Morgenschein
Uns Freude lässt verkünden.

Wohl gibt es in der Zeiten Lauf
Auch Not zu überwinden.
O schenk uns, Herr, den Mut, die Kraft,
Den guten Weg zu finden.

Glückbringende Jugend

Auf sonnigen Wegen, durch weites Land
Wandern fröhliche Kinder, Hand in Hand.
O glückliche Jugend! Zu jeder Zeit
Erhaltet der Welt die Gemütlichkeit!

Auf luftgen Höhen, vom Winde umbraust,
Ballet ihr Kinder die Hände zur Faust.
O tapfre Jugend! Stets bist du bereit
Die Freiheit zu pflegen und Einigkeit.

In stählerner Arbeit, mit stolzem Sinn,
Spürt ihr wohl alle des Herzens Gewinn.
O ehrbare Jugend! Im Lebenskreis
Da stellt sich heraus der köstlichste Preis.

Frühling

Heimlich steigt ein Glück auf Erden,
Mit dem Frühling durch das Land,
Lässt dem Dasein Frohes werden,
Das sich in der Lichtflut band.

Eine Weise birgt das Leben,
Zauberhafte Melodie,
Wird der Stunde Glücksstern weben,
Dass sein Glanz verblasse nie.

Führt der Gang auf lichten Strassen
Unter Frühlingsduft dahin,
Sonnenstrahlen Schatten fassen;
Leben – herrlicher Gewinn!

Frühlingsglück

Frühling, gib ein neues Hoffen
Dieser Erde weit und breit!
Lass ein neues Licht erstehen
Allen Menschen dieser Zeit!

Frühling, lass die Knospen schwellen
Und der Erde Grün erstehn!
Dass die Augen sich erfreuen
Ob der Wunder, die geschehn.

Blütenrausch hält uns gefangen,
Lässt dem Dasein freien Lauf.
Jubelnd lasst uns wieder singen:
Machet weit die Tore auf!

Singen

Im Singen liegt Zufriedenheit,
Der Seele Kraft und Licht.
Im Leben klingt die Melodie,
Das Glück, das nie zerbricht.

Und liegt voll Schönheit unser Land
Im goldnen Sonnenschein;
So schallt ein frohes Wanderlied
Hinaus durch Flur und Hain.

Das Lied erklingt in Harmonie
Im treuen Freundeschor;
Es schenkt uns Lust und Fröhlichkeit
Und hebt das Herz empor.

Zum Muttertag

Mutter! – Dieses grosse Wort
Klingt durch alle Zeiten,
Wie ein grosser Musikus
Zupft es seine Saiten.

Mutter! – Deiner Liebe Tat
Webt durch alle Weiten
Wohl das herrlich schönste Band,
Farbenfrohe Breiten.

Mutter! – Deiner Güte Sein
Lenkt die Herzen weise,
Sorgt auf unsres Lebens Pfad
Für die gute Reise.

Beglückung

Hinter den Hügeln steigt der Tag
Munter hinauf zum hohen Grat.
Blickt leis lächelnd zu mir herab,
Und lädt mich ein zu froher Tat.

Frischfroh spür heut die Lust ich nahn,
Beflügelt mir das Herz, den Sinn.
Im Nu verrauscht der Werkeltag,
Und alle Arbeit ist Gewinn.

Die Sonne schenkt uns holden Schein,
Oh, sieh die Blumen leuchtend stehn.
Sie lächeln mir ins Angesicht,
Bis dass der Tag zur Ruh wird gehn.

Freundschaft mit dem Wald

Der Wald hat mir ganz leis erzählt,
Dass er mein Wesen liebe.
Fürwahr, ich bin ihm zugetan,
Erteil ihm keine Hiebe.

Er seufzt nicht, wenn ich ihn betret,
Behält sein heiter Wesen.
Wir pflegen Freundschaft jederzeit,
Sie lässt mich stets genesen.

Der Wald, er ist mein guter Freund,
Begegnet mir mit Liebe.
Das Hoffen trage ich in mir,
Dass er mir immer bliebe.

Sonnenwirken

Fliehet nicht, ihr Sonnenstrahlen,
Dringet in mich ein,
Köstlich wirket eure Wärme –
Freudevolles Sein!

Strahlenkränze in den Lüften,
Türmet euch zuhauf!
Allzeit formt ein kraftvoll Wirken
In der Welten Lauf.

Zukunftsglaube

Wir Menschen auf dem Erdenrund
Ersehnen uns die Liebe,
Das Glück, das alle Not bezwingt,
Und Frieden baut hienieden.

Der Himmel spannt sein weites Zelt,
Verbindend alle Lande.
Der Sonne Schein leucht allen hier
Im lieblichen Gewande!

Wir Menschen bilden einen Bund,
Die Erde weit umspannend,
Dem Dasein spendend Harmonie,
Und Trübes stets verbannend.

Getragen von der Liebe Glut
Erwächst das neue Hoffen
Auf Frieden und Geborgensein,
Das Glück steht allen offen.

Hoch – zeit

O komm und sprich das freundliche Wort:
Auf Erden gibt's einen stillen Ort,
Der leuchtet im Zeichen der Sonne;
Voll Liebe, voll Lust und voll Wonne.
Gib mir die Hand! Erwandre dies Land!
Ja, das Glück ist so gross, das ich fand.

O komm, geniess die sonnige Zeit,
Das Leben bezweckt nicht Einsamkeit.
Der strahlende Tag birgt Glück in sich,
Verschenkt seine Wonne an dich und an mich.
Öffne das Herz fürs Wagnis der Zeit:
Wir sind zu treuer Liebe bereit!

Nur du allein!

Ich werd dich nie verlassen,
So wie du bist.
Dein Stern kann nie verblassen,
So wie er ist.

Mein Herz kann nie erkalten,
Es schlägt für dich.
Dein Leben zu erhalten
Ist mir doch Pflicht.

Ich werd dir Treue halten,
Zu jeder Zeit.
Die Hände will ich falten,
Zum Dank bereit.

Sommerglück

Warm liegt der Atem über dem Land,
Zauberhaft gleissend im Raum;
Golden erglänzender Mittagshauch
Über dem spannenden Saum.

Herrliche Pracht im weiten Geviert,
Ein Leben der frohen Zeit.
Aufschwingender Tag zu den Träumen
Der Sphäre Glückseligkeit.

Der Erde Worte...

Ich hörte es raunen aus der Scholle der Erden:
Ihr Menschen, ihr ersehnt das gute Gelingen,
Und erstrebet allseits ein gutes Vollbringen,
Zu einem herrlichen aufkeimenden Werden.

Ich hörte es rauschen aus der Tiefe der Erde:
Ach Menschen, ihr beraubt mich in allen Lagen,
Ihr überschüttet mich mit bitteren Klagen,
Ihr Glieder der gierig unersättlichen Herde.

Ich hörte es klagen aus der Ferne der Erde:
Uns Farbige plagt die Armut unsäglich stark,
Und die Krankheiten zehren an unserem Mark;
Ist uns beschieden nur das Los: Leide und sterbe?

Wann hört man es loben aus dem Munde der Erde:
Ihr Menschen alle, ihre kennet der Welten Lauf,
Ihr gebet euch grosse Mühe allzeit zuhauf,
Das allem Leben fürwahr das grosse Glück werde?

Traum?

Fernab vom lauten Gedränge,
Fernab der Welt ohne Herz,
Sinn ich der goldenen Jahre,
Ertragend heut bittren Schmerz.

Die Technik hält viele im Banne,
Ist Brut wahnsinniger Tat.
Wer kümmert sich um das Schicksal
Der Kleinen? Wer gibt uns Rat?

Die Menschen mit klugen Köpfen
Erforschen der Weite Raum,
Doch bleibet eines vergessen:
Ist Liebe ihnen ein Traum?!

Im Griff

Lass die Tage nicht zerrinnen,
Die uns offenstehn,
Fülle sie mit guten Taten,
Die uns all umwehn.

Lass die Arbeit nicht entgleiten
In der Tage Hast,
Greifst du zu mit starken Händen,
Mindert sich die Last.

Frohes Wandern

Lasst uns wandern über die Weiten,
Und den Himmel über uns gleiten,
Das Licht der lachenden Sonne
Schafft uns ein Tag voller Wonne.

Lasst uns loben die herrliche Zeit,
Und uns finden zum Singen bereit,
Fern erglühendes Sonnengestirn,
Fasse Weite, Berge und Firn.

Lasst uns all danken für dieses Land,
Uns gegeben als heiliges Pfand,
Weltweite mag verlockend sein,
Doch Heimat spendet Glücklichsein.

Kleine Dinge

Kleine Dinge sind oft Wunder,
Herrlich sind sie anzuschaun.
Kleine Dinge, die erfreuen,
Unsre Zukunft herrlich baun.

Kleine Dinge sind wie Kinder,
Die ein Lebensglück sich baun,
Die uns geben Herzensreichtum;
Kommt und lasst dem Kleinen traun!

Kleine Dinge wirken Grosses,
In der Welten Zeitenlauf.
Drum sag Dank für kleine Dinge,
Die sich öffnen uns zuhauf.

Hell erklingen unsre Lieder

Hell erklingen unsre Lieder
Nach des Alltags Müh und Pein,
Weisen unsre Herzen wieder
Frei empor zum Fröhlichsein.

Singen wir in treuer Runde,
Trotz der Unrast dieser Welt.
Liederklang im Freundesbunde
Uns den Lebensweg erhellt.

Singend wir den Sinn erheben
Aus den Tiefen schwerer Zeit.
Mögen uns die Lieder geben
Immerdar ihr froh Geleit!

Erntezeit

Es reifte auf Erden ein köstlich Gut,
In Herbstes Tagen unter Sonnenglut.
O lasset uns zeugen in Lied und Wort
Von Gottes Güte und Liebe allfort.

Es neigten sich Ähren im leisen Wind,
Schwer wieget die Frucht für Ahne und Kind.
Den Hunger zu stillen, so weit und breit;
Des Segens wird uns für all diese Zeit.

Wir stehn vor Scheunen, gefüllt bis zum Rand,
Gestiftet von Gott, als heiliges Pfand.
Wir danken dem Herrn für Speise und Gut;
Was er für uns tut, stimmt uns wohlgemut.

Es reifte auf Erden ein köstlich Gut,
In Herbstes Tagen unter Sonnenglut.
O lasset uns bitten in Lied und Wort:
Gott, schenke uns Segen allezeit fort!

Regentropfen

Klopf, klopf, klopf – der Regen fällt
Auf mein Schirmdach nieder.
Sammelt sich zum weiten Gang
In die Meere wieder.

Tropf, tropf, tropf – das Nass fällt ab
Von des Schirmes Rande.
Platschet auf die Strasse hin,
Rinnet durch die Lande.

Weg, weg, weg – so geht ihr Sinn
Ihrer klaren Weise,
Träumend suchen sie ein Ziel,
Auf zu grosser Reise!

Herbst

Die Blätter tanzen ihren Reigen,
Bald wild herum und bald auch sacht.
Sie legen sich zur Erde nieder,
Erwarten still die frostge Nacht.

In ihrer Vielzahl gehn sie unter,
Sie sind auch nicht auf Ruhm bedacht.
Sie ahnen wohl des Frühlings Leben,
Und auch der Blüten holde Pracht.

Nebel

Der Nebel fasst das weite Land,
Er zwingt das Licht darnieder,
Und weist dem Auge engen Raum;
Wann kehrt die Sonne wieder?

Die Laute, alle sind verstummt,
Verrauscht das emsig Treiben.
Die Welt liegt jetzt in sanfter Ruh;
Wird sie ihr immer bleiben? –

Der Nebel hält das weite Land
Mit seinem trüben Walten.
Der Sonne herrlich goldner Blick,
Wann weckt er Lichtgestalten?

Ein Apfel...

Ein Apfel formt sich aus dem Blust
Und harrt auf die Vollendung.
Er träumt von wundervollem Durft,
Von sagenhafter Sendung.

Der Apfel wächst bei Sonnenschein,
Wohl auch an trüben Tagen.
Er möcht gern werden gross und fein,
Gar den Rekord erjagen.

Der Apfel reift dem Ziele zu,
Es rötet sich die Wange.
Die Tage eilten fort im Nu...
Nun wird's ihm angst und bange.

Der Apfel löst sich sacht vom Baum
Und kollert auf die Wiese.
Er hat nun ausgeträumt den Traum,
Dass er einst werd ein Riese.

Der Apfel liegt im weichen Gras
Und findet nicht Beachtung.
Da er bedacht mit wenig Mass,
Bestraft ihn die Verachtung...

Der Apfel, würzig, aber klein,
Ruht stille und verlassen.
Kein Mensch schätzt das Aroma ein
Des Kleinen, des Verhassten.

Der Apfel trauert um ein Glück,
Das nie zuteil ihm worden.
Als unbeachtet kleines Stück
Fühlt er sich nun verloren.

Der Apfel friert zur Winterszeit,
Wo tanzen froh die Flocken…
Doch findt ein Reh die Kleinigkeit
Und freut sich an dem Brocken.

Zu Allerheiligen

Die Toten sind wie Sterne,
Die hell am Himmel stehn.
Sie grüssen aus der Ferne;
Wer aufschaut, wird sie sehn.

Der Toten Seelen winken
Als Sterne zu uns her.
Kommt, lasst sie uns auch grüssen;
Wes Herz liebt sie nicht mehr?!

Mutter

Mutter gab mir ihre Hand,
Führte mich durchs weite Land,
Herrlich war der Gang mit ihr,
War auch stets so lieb mit mir.

Mutter sprach das weise Wort
Hier und dort, an jedem Ort.
Und als Kind, ich traute ihr,
Dankbar bin ich ihr noch hier.

Mutter lebte auch für mich,
Bis sie aus dem Leben wich.
Doch im Sinne trag ich sie
Allezeit, vergess sie nie.

O Mutter!

Ich möcht dir vieles geben,
O Mutter!
Würdest du jetzt noch leben,
O Mutter!
Möchte helfen dir allezeit,
O Mutter!
Zum kleinsten Dienst wär ich bereit,
O Mutter!
Doch ist es leider jetzt zu spät,
O Mutter!
Es spriesset jetzt, was du gesät,
O Mutter!
Drum Dank sei dir für dein Umsorgen,
O Mutter!
Er bleibt bestehn, heute und morgen,
O Mutter!
Meine geliebte Mutter!
O Mutter!...

Einst und heute

Dieser Tage fand ich Spuren
Meiner Eltern Lebensglück,
Bauten in des Jahres Kreisen
Sich Kleinode Stück für Stück.

Ihnen lag die Welt zu Füssen,
Eng begrenzt vielleicht, doch schön.
Sahen klar des Lebens Rhythmus,
In den Tiefen und in Höhn.

Weltenweite – birgt sie Freuden
Nur allein in grosser Zahl?
Heimatfrieden, gibt noch heute
Unsrem Sein die gute Wahl.

Ganz leise...

Ganz leise möcht ich klagen
Zu dieser Stund und Zeit:
In aller Erden Räume
Herrscht Elend, Not und Streit.

Ganz leise werd ich bitten
Um Frieden auf der Welt,
Und dass den Menschen allen
Ein Licht ihr Herz erhellt.

Wenn ich ganz leis darf fühlen,
Dass Liebe lebt allhier,
Die uns auch treu verbindet,
Wie wohl wär es dann mir.

Glückssucher

Ich webte einst an meinem Glück,
Und achtete der Fehler kaum.
Es wurde dann ein herrlich Stück. –
Doch leider war es nur ein Traum…

Ich werke heute tagelang
Mit schwielig, grober, harter Hand.
Vor Arbeit ist mir niemals bang,
Sie sichert Glück und Lebensstand.

Hände

Kinderhände – lieb und fein,
Werdet wegbereitend sein.

Mutterhände – schönes Los! –
Immer seid ihr warm und gross.

Schwielenhände – ein Beweis
Harter Arbeit und auch Fleiss.

Feine Hände – Zärtlichkeit,
Hilfewillig, dienstbereit.

Krüppelhände, fass sie an,
Fordern Lieb von jedermann.

Müde Hände halten still,
Ruhen jetzt bis hin zum Ziel.

Schneeflockentanz

Schwebt hernieder, all ihr Flocken,
Millionenfach.
Gebt der Erde Winterruhe,
Seid ihr gutes Dach.

Menschen staunen in die Weite,
Freuen sich der Pracht.
Zögernd grüssen sie den Winter,
Doch das Herze lacht.

Flocken, schwebet all hernieder,
Hüllt die Erde ein,
Gebet ihr den Winterfrieden
Und ein köstlich Sein.

Weihnachten

Jesus ist geboren einst
Für uns Christen all.
War so arm auf Stroh gebettet
In der Kripp im Stall.

Jesus zog als Licht fürs Leben
Durch der Welten Zeit.
Öffnen wir doch unsre Herzen –
Ganz für ihn bereit!

Jesus ist für uns die Rettung,
Glauben wir an ihn,
Keiner wird verlorengehen…
Lasst uns mit ihm ziehn!

Kleines Lied zu Weihnachten

Wie feiner, reiner Engelsang
Ein kleines Lied erklang,
Erzählt von einem grossen Licht
Aus Gottes Angesicht.

Der Heiland ist geboren heut,
Den Menschen all zur Freud!
Er trägt den goldnen Himmelsschein
In unser Herz hinein!

Das Lied lebt fort in unsrer Brust
Zu tiefer, froher Lust.
Frohbotschaft ist's, die uns verbindt
Mit dir, o Jesuskind!

Lebensfahrt

Ich fahre auf des Lebens Strasse
Als kleiner armer Mensch voran.
Ich geb oft Gas, zieh auch die Bremse,
Und bitt das Glück auf meine Bahn.

Ich fahre durch des Lebens Stürme
Als winzger Steuermann dahin.
Es gilt die Klippen zu umfahren,
Auf dass mein Kahn darf weiterziehn.

Ich fahre auf des Lebens Wogen
Weithin der grossen Ferne zu.
Halt Ausschau nach dem schönsten Ziele,
Da sei beschieden mir die Ruh.

Die Jahruhr

Die Jahruhr, sie steht niemals still,
Ihr Ticken kennt kein Ende.
Die Zeiger ziehen ihren Kreis
Von Wende hin zu Wende.

Der Jahruhr klare Rundenfahrt
Mein Sinnen fasst und Trachten,
Und jede mir geschenkte Stund
Werd ich in Zukunft achten!

Beim Übergang

Der Glocke Schlag verheisset:
Das Mass des Jahrs ist voll,
Gefüllt mit guten Früchten,
Dafür ich ihm Dank zoll.

Das Jahr, es ist verklungen,
Das Wiedersehn erlischt.
Jetzt schreiten wir ins Neue,
Erhoffen all sein Licht.

s Neujohrsgschänk

E härrlis Gschänk s neu Johr eus bringt,
E gueti Wiis is Härz eus singt:
Es Glück isch gäh no däre Wält,
Wä me ufluegt as Himmelszält
Und dankbar isch für jede Tag,
Wo Freud eus allne warte mag.

Drum gämmer is rächt zfriede hüt:
s neu Johr meint's guet mit allne Lüt,
Bi ihm sind alli Mäntsche gliich,
Seb arm si sind oder au riich,
Drum göhnd mer jetz mit Freud drahii:
Und schaffed gärn! Es bliibt debii.

Schneie

Schneie tuet's, was abe mag,
Schneie tuet's, was s mag.
s isch en rächte Wintertag,
s isch en Wintertag.

D Chinde mached si parad,
Mached si parad.
Holed d Schii und d Schlitte här,
D Schii und d Schlitte här.

Stübed zämme s Räinli ab,
Stübed s Räinli ab,
Lärmed lut und juchzed au,
Lärmed, juchzed au.

Hindrem Ofe sitzt e Frau,
Sitzt en alti Frau,
Lueget truurig s Fäischter uus,
Lueget s Fäischter uus.

Schneie tuet's, was abe mag,
Schneie tuet's, was s mag.
Ihre tuet halt d Wärmi guet,
D Wärmi tuet re guet.

Löhnd de Winter Winter sii,
I sim wisse Schii!
Eismols wird er wieder goh
Und de Früehlig cho.

Mis Chindli

Es git für mi es Liechtli,
Wo lüchtet Tag und Nacht,
Das isch mis liebe Chindli,
Wo so vill Freud mir macht.

Es isch mer wien es Liedli,
Won i au gar guet mag.
Es stimmt mi froh im Härze,
So dass i nie verzag.

Für mi isch äs es Schätzli,
E liebi, chlini Muus,
Und isch au mit sim Wääse
De Sunneschii im Huus.

Chindetraum?

E chlises Chind im Wiegeli
Lit zfriede und no still,
Es hät si Rueh, de Friede au,
s isch alles, was äs will.

Es schlöfelet. Hät's ächt en Traum
Vom Liebha uf de Wält?
En Traum, wie mir ihn alli händ,
Do undrem Stärnezält.

A s Chindlis Bett

s chli Chindli tuet lächle,
s chli Chindli schloft ii,
Wie d Stärnli am Himmel
Bischt eus heitre Schii.

s lieb Müetti tuet bätte…
De Härrgott hät d Wacht.
O, är git ganz sicher
De Frohmuet und Chraft.

s chli Chindli isch sälig,
Und s Müetti demit. –
Das isch für mis Läbe
s Schönste, wo s nu git.

Verwandlig

Lass mi sii, i bi so truurig!
Und möcht jetz elleige sii.
S git im Läbe bittri Stunde,
Wo me weiss nöd us no ii.

Lass mi sii, s chunnt wieder besser,
I möcht doch au fröhli sii.
Zell i zerscht di helle Stunde,
Stohn i zmol im Sunneschii.

Mooflug

Häsch's scho ghört, was d Lüt jetz säged:
«D Mooflüg sind doch ganz famos,
D Astronaute sind rächt muetig,
Das sind Tate, mächtig, gross!»

Dörf ich do derzue jetz säge:
«D Tächnik isch gwüss grandios,
Doch de Nutze vo de Flüüge
Find ich würkli gar nöd gross.»

Wärded d Mäntsche witer hungre,
Witer läbe no im Strit,
Sind die Flüüg jo fascht vergäbe,
Und de Friede lit no wit.

Uf de Matte

Über d Matte strahlet d Sunne,
Uf de Wiese glänzt de Tau.
Oh, das git e gueti Luune.
D Sunne isch e Königsfrau!

Us de Bäume ghört me singe
D Vögel ihri Melodie.
Si tüend gärn es Ständli bringe
I däm warme Sunneschii.

Oh, ich bi i gueter Luune,
S isch mer wohl und frei debii,
Und ich mues nu immer stuune,
Wie das glänzt taguus und -ii.

Und mis Härz, es chlopfet fröhli,
Freut sich über jedi Stund.
Sunne, bitti, bsuech all Mäntsche,
Und mach chrankni Härze gsund!

En guete Ton

Im Läbe git's en guete Ton,
Mer känned en scho lang,
Er schwingt sich über Tal und Bärg,
Und hät en eigne Klang.

Dä Klang, i ghören alliwil,
Kän Mäntsch chan en mir näh,
Es cha gwüss wättere wie's will,
Doch d Liebi blibt mer Ziel.

Es Ständli

I will der vo Liebi singe,
Will i di so gärn halt mag.
Möcht der jetz es Ständli bringe,
s Härz, es jublet, Tag für Tag.

Und möchscht du doch glückli läbe,
Zfriede sii und ha di Rueh.
Weiss i au, 's git nüt vergäbe,
Lupft di gärn in Himmel ue.

Wien es Stärnli höch am Himmel,
So bisch du en liebe Schii.
Hä di lieb vo ganzem Härze,
Säg mer doch, seigsch au debii.

Sunnigs Schätzli

Über d Bärge möcht i wandre
Stundelang a dinre Hand.
Möcht so mit der zäme läbe
Im e stille, schöne Land.

O, das isch e heiters Läbe,
Volle Sunneschii und Glück.
Und es lached dini Auge,
Und is Härz trifft mi din Blick.

Wien e Quelle Wasser spändet,
Alliwil nu git und git,
So schänksch du us vollem Härze
Liebi mir für alli Zit.

Gruess vom Früehlig

Über d Wiese lauft de Früehlig,
Chunnt ganz liisli uf mi zue,
Fröhli seit er mir «Gott grüezi!»
Und stiigt dänn a s Räinli ue.

Vo de Bärge schickt de Frühlig
Mir en liebe Gruess dänn zue;
Und uf sini Bluememmatte
Ladt er ii zu gueter Rueh.

De Früehlig isch do!

I luege durs Feischter –
De Früehlig isch do!
Jetz chann i nümm warte,
Wott verusegoh.

Är schickt eus sis Lächle,
Är schickt eus si Pracht.
Oh, gspürsch i der inne
Dis Härz, wien es lacht?

Was git es no Schöners,
Als en Sunnetag,
So zmittst i de Wuche? –
I juchzg, was i mag!

Oschterhäsli, Oschterhas

Oschterhäsli, Oschterhas,
Wännt du springscht dur s grüeni Gras,
Und im Chräzli Eili treischt,
Und s is Näschtli mir dänn leischt,
Bin i zfriede, bin i froh,
Dass d au hür bisch zue mer cho.

Oschterhäsli, Oschterhas,
Laufsch du furt dur s grüeni Gras,
Möcht i gärn dir tanke säge,
Bi villicht e chli verläge,
Möcht en Brief dir gäh i d Hand,
Grüess für s Oschterhaseland!

Läbesglück

Läb dis Läbe und läbs guet,
s lit der jo e so im Bluet.
Hebs rächt schön zu jeder Zit,
Das isch s Härrlichscht, wo s nu git.

s Läbe isch für di e Freud,
s wärded Blueme für di gstreut.
Heb ne Sorg, dass lang nöd toored,
Dass sich ihre Schii erwooret.

s Läbe treit en heitre Schii;
Git es Strahle obedrii,
Gsesch du d Sunn am Himmel stoh,
So chasch bliibe immer froh.

Maiefreud

Hei, luschtig tuets töne
Ob em Dorf am Räi.
Chind singed und juchzed:
Wie schön isch de Mai!

Mis Härz tuet au singe,
Und isch jetz so froh.
s Glück tuet mi begleite,
De Maie isch cho.

Chumm mit mir...

Über d Bärge möcht i wandre,
Wännt mer gisch di Hand.
Liecht wär s Läbe a dir Site,
s wär es Sunneland.

Vo de Höchi abeluege
Wit i d Täler ie,
Loht is sicher zfriede wärde –
Zfriede, wie no nie.

Chumm mit mir und lass is wandre,
Uf re schöne Tuur.
Lass is zieh mit frohem Härze
Dur di schön Natur.

Mer wandred

Mer wandred dur d Heimet,
Mer wandred dur s Land,
Händ fröhlechi Gmüeter,
Sind eis mitenand.

Und d Sunne, si strahlet
So vill si no mag.
Wie schön isch doch s Läbe,
Wie hell isch de Tag!

Mer bhalted das Lüchte
No d Wuche durii,
Dänn göhnd alli Stunde
Vill ringer verbii.

Wätterwächsel

Lueg use, wies ränget,
Lueg use, wies tuet.
I sitz i mim Stübli
Am Ofe. 's tuet guet.

Lueg nu, wie's strubusset,
Lueg nu, wien es tuet.
I sitze im Stübli,
Und bi uf der Huet.

Doch lueg, wie's jetz schonet,
De Himmel goht uf,
Und scho tuet d Sunn schiine.
Was meinsch ächt do druf? –

Zum erschte Auguscht

Ich bi do, und du bisch do,
Jetz wämmer is rode.
's mues jetz äntli öppis goh,
Uf em Heimetbode.

Ich blib stoh, und du blibscht stoh,
Lueged uf zum Himmel:
Gott, lass is nöd undergoh
I däm Wältgetümmel.

Ich bi do, und du bisch do,
Und mer tüend is rode.
So nu chan es Land bestoh,
Öisre Heimetbode!

Gsundi Wält

Es git en Tag – und lit er wit –
Wo d Mäntsche Friede händ, kä Strit.
Do günnt Vernunft dänn d Oberhand,
D Wält wird e schöns, en einzigs Land.

Es chunnt en Tag, er lit nöd wit
– Doch känned mer kä gnaui Zit –
Wo d Liebi uf em Erdegrund
Zmol siege tuet! Dänn, Wält, bisch gsund.

Gägesätz

I möcht wieder mit der rede,
Aber du, du seisch käs Wort.
Hä, so stohni halt elleige,
Und i weiss mer gar kän Rot.

I möcht wieder mit der lache,
Aber du, du bisch so ärnscht,
Und glaubsch nöd as Glück uf Ärde;
Hä mit dir e chli Verbärmscht.

Und möchscht äntli mit mer singe,
I chönnt's nöd i däre Stund.
D Lieder sind im Härz mer gstorbe,
Find kä Wort meh tüüf im Grund.

Mi Oberländer Sprooch

Ufschniide muesch chönne, di alt Sprooch vertue,
De Chambe sett wachse bis an Himmel ue! –
So meineds hüt villi und gänd sich derno,
Susch wür me jo läbe wie hinderem Moo.

Doch ich bi no de Alt, ich rede mi Sprooch,
Ich hä si so gärn, a ihr nimmi kä Rooch.
Min Schnabel isch gwachse halt gwüss grad eso,
Und stolz tuen is säge: si macht mi no froh.

Mi Sprooch passet züemer und au zu mim Land,
Mer wänd si doch rede mit e chli Verstand,
Si tönt e so härrli, wänn ä e chli ruuch,
Doch hät si no Farbe, die stimmed nöd tuch.

Mi Sprooch isch es Chliiod, e bsunderigs Guet,
Grad vo Chindsbeine a lit si mer im Bluet.
Und säg mer wä well, die Sprooch seig em halt z chlii,
Ich rede si glich, und ich blibe debii!

Underschid

Dä hät es Muul, es Grüehm, es Tue!
Er lupft sich fascht in Himmel ue,
Dernäbet bini arm und chlii.
Chönnt das dänn nöd au anderscht sii?
Ich gsehne scho wies lauft und goht,
Und bruuch vo keim en guete Root:
Muesch tue, wie wännt wä weiss was wärscht,
In Chnoche und im Härz de Stärchscht.

Dä hät si Freud, sis Glück, si Fäscht,
Und rüehmt au no sis warme Näscht.
Dernäbet bini nüütig, chlii,
Worum cha das nöd anderscht sii?
Ich gsehne scho wies lauft und goht,
Und bruuch vo keim en guete Root:
Du tuesch, wie wännt wä weiss was wärscht,
In Chnoche und im Härz de Stärchscht.

Dä hät Monete grad «en Mass»,
Und zellt si zu de bessre Klass.
Dernäbet gohni unedure,
Und gstürchle über Stei und Furre.
Ich gsehne scho wies lauft und goht,
Und bruuch vo keim en guete Root:
Me tuet, wie wäme weiss was wär,
Im Härze guet, und das uf Ehr.

Dä hät es Läbe wien im Chlee,
Är cha drin grase grad wies Veh,
Dernäbet häni armi Zite,
Hä känneglehrt ganz ander Sitte.
Ich gsehne scho wies lauft und goht,
Und bruuch vo keim en guete Root:
Muesch tue, wie wännt wä weiss was wärscht,
De Mage voll, im Härz de Stärchscht.

Doch glaub nöd, s chäm dänn alles guet,
Und heigsch dezue e rüebigs Bluet.
Es git für dich bestimmt au Bräschte,
Wo heiled nöd bim gröschte Fäschte.
Ich gsehne scho wies lauft und goht,
Und bruuch vo keim en guete Root:
Muesch tue, wie wännt dich sälber bisch
und s Läbe für dich sunnig isch.

E Familie-Usfahrt

De Paps fahrt wie verruckt durs Land,
Und fühlt sich stolz im Wage.
s Stüür hät er fescht i sire Hand,
Bezwingt au chützlig Lage.

Näch bin em zue sitzt brav si Frau
Und stüüret i Gedanke:
Dem Maa si Fahrwiis isch aschgrau;
En Halt git's nu bim Tanke.

Und d Chind, die hocked hine drinn,
Langwiled sich und zangged,
Für sii hät d Fahrt känn grosse Sinn,
Uf s Ziel si jo blos planged.

Paar Spielzüg möchted's so gärn ha
Zum sich demit verwiile,
Und hetted ihres Freudli dra,
Und täted au nie hüüle.

De Paps fahrt wie verruckt durs Land
Und schächet uf de Zeller,
Dä hät scho rächt en hööche Stand;
Doch stiige sett er gschnäller.

Und z Obig sind dänn alli müed,
Vo däne gross Strapaze.
Und d Mueter mahnet: «Chind, sind lieb!»
Wills do demit tuet harze.

A d Arbet setted froh und frisch
Si wieder neu am Mändig.
Doch wetted si halt z erschte sich
Erhole no vom Sunndig.

Röntgebilder

Vo Mäntsche möcht i chli verzelle
Wie s usgsehnd i me Röntgeschii…
Chasch über mi dänn s Urteil felle,
I füege mi, i schick mi drii.

Der Erscht, er mag der gar nüt gunne,
Er seit sich halt: «Däm ghört au nüt.
I bi au i der Tüüfi unne,
Und keine isch, wo d Hand mir büt.»

De Zweit, dä stoht scho höch in Ehre
– Erkämpft hät er si nu mit Lischt. –
Jetz möcht er alls no meh vermehre,
Und choscht's en au vill Ehezwischt.

De Dritt, dä weiss, wiener scho luuret,
Bis dass der ander trifft en Schlag.
Wänn's dänn nu ämel rächt lang duuret
Und nie meh chäm en Sunnetag.

De Viert, dä hät nüd vill Erbarme
Mit eme schwache Mäntschechind.
Er seit: «Das wird dänn scho vertwarme,
Wänn äs e härrlis Plätzli findt.»

De Föift, das isch en ebig Suure,
Er kummidiert an einem zue.
Und gieng der ander grad dur Muure,
So fänd er glich kä Rascht und Rueh.

De Sächst, dä sitzt grad bi me Wiili
– 's isch gar e chüschtigs Tröpfli hüür. –
Doch meh no freut ihn halt s Marieli;
Sis Härz isch für s scho Flamm und Füür.

De Sibet suecht e neui Liebi,
Er heb doch schliessli au warms Bluet.
Si Frau, so meint er, seig e Müedi
Und drum läbt er in eire Wuet.

De Acht, dä chrampfet ohni Suume,
Er läbi schliessli nu eimol.
Es git kä Birre, git kä Pfluume.
Doch s Härz? Säb blibt debi halt hohl.

De Nüünt, dä treit e heiters Lache
Im Gsicht. Doch 's isch en falsche Schii.
Diheime tuets dänn mängsmol chrache,
Det isch dänn d Fründtlichkeit verbii.

Das sind e paar vo däne Lüüte
Wo läbed uf däm Erdeland…
Und däne sett mer d Händ jetz büüte? –
Jawoll! Suscht boued s z letscht uf Sand.

Traum

Es hät mer traumt vo dir die Nacht,
Mis Härz, es hät debii fescht glacht:
Du bisch ganz näch uf mi zuecho,
Dänn häsch mer gseit: I bi de Moo!

Uf das hi bin i gschossen uf,
Hä to en feschte, tüüfe Schnuuf,
Hä gseit: Moo, muesch en Liebe sii,
Susch gäbsch nöd so en heitre Schii.

Uf Vaters Tod

Hüt z Nacht, do isch min Vater cho,
Ich hän en vor mer gseh.
Er hät mer fründtli «Grüezi» gseit;
Mis Härz hät mer to weh.

Hüt weiss ich, dass er nümm isch do,
Si irdisch Reis isch z Änd.
Im Traum hän ich en aber gseh,
Er hät mer gstreckt si Händ.

Jetz bin ich wach und gsehne klar,
De Vater blibt mer guet.
So isch er gsi sis Läbe lang,
Das git mer neue Muet.

Dankbar

I tue läbe wien i wott,
Jetz und immerzue.
Wänns mi nöd litzt allipott,
Häni mini Rueh.

Mag i singe alli Tag,
Bini gsund und froh,
Isch für mi kän Grund zur Chlag,
Stohni dankbar do.

Loh nöd s Läbe nüütig sii,
Boue's sälber uf. –
Dänn z mol isch's für mi verbii,
Tue de letschti Schnuuf.

Läbe cha me wie me wott,
Bis's gheisst Abschied näh.
Gohsch de Wääg au hüscht und hott,
s Ziel isch doch scho gäh.

De Mueter Root

«Du muesch im Läbe immer folge!» –
So hät mer öppe d Mueter gseit.
Doch alliwil häni nöd gloset,
Drum hät's mi öppe z Bode gleit.

«Du muesch im Läbe d Worret säge!»
Hät mer mängsmol mi Mueter gseit.
Das Wort häni no nie vergässe,
Und d Mahnig hät gwüss Frücht abtreit.

«Du muesch im Läbe unedurre!»
So hät mer au mi Mueter gseit.
Bis hüt häni's scho vill erfahre,
Doch duuret's jo käi Ebigkeit… –

Plange uf d Wiehnacht

Wach träum ich vom Wiehnachtsbaum,
Vo sim Cherzeschimmer,
Frög mi all, wie lang's no goht
Bis er stoht im Zimmer.

s Plange isch e härti Sach,
D Stunde wänd nöd schwiine,
Bis es äntli Wiehnacht ischt,
Und hell d Cherzli schiine.

Wiehnachtsfreud

Jetz äntli isch mis Plange
Für das Johr z mol verbii.
I freu mi a däm Bäumli,
Es chönnt nöd schöner sii!

Es glänzed villi Chugle
Im helle Cherzeschii.
Si lüchted mir i s Härzli,
Und löhnd mi glückli sii!

Es Jöhrli...

Im Nu isch s Johr verbii,
Es Träumli isch's fascht gsii;
Vo witem winkt es no
Und blibt es Wiili stoh,
Dänn nimmt's Abschied und goht,
Git eus aber no en Root:
«Sind zfriede mitenand,
Und büet enand d Hand!
So schlüsst eu fescht es Band
Zämme vo Land zu Land.»
Dänn gäb's kä Chrieg und Stritt.
Wär das e schöni Zitt...

Altjohrabschied

Es Johr verreist, 's seit: Adie woll!
Sin Chratte isch bis z oberscht voll.
Es lupft de Huet, verneigt sich tüüf,
Und tuet en schwäre, feschte Schnuuf:
Bald hä mi gfreut, öppen au grunge,
I Dur und Moll häni eu gsunge
Vo Sunne- und vo Schattesiite,
Vo churze Wääg, vo ebigwiite.
Doch hän i mi um eu bemüeht,
Und zu däm klare Ziel hi gfüehrt.
Jetz läbed wohl, händ frohe Muet
Im neue Johr! Dass 's wärdi guet!

A de Gränze

s Jöhrli zieht devo, was mag,
Über d Lippe chunnt kä Chlag.
Bald stoht's a de Gränze zue,
Änedra findt's dänn si Rueh.

s Jöhrli hät si Sach gmacht guet;
Lupfe dörf me scho de Huet
Vor em, alli Zite no;
Für äs isch's de beschti Loh.

s Jöhrli treit e heiters Gsicht,
Will es weiss, 's hät to si Pflicht,
Friede hät es gäh und Rueh,
Heiter Stunde au dezue.

s Jöhrli zieht devo, was mag,
Über d Lippe chunnt kä Chlag.
Jetz stoht's a de Gränze zue,
Änedra findt es si Rueh.